LA
RÉVOLUTION
ET
L'ISLAMISME

RÉPONSE

A M. LE GÉNÉRAL DE LAMORICIÈRE

Par H. BONDILH

MARSEILLE

TYPOGRAPHIE ET LITHOGRAPHIE ARNAUD ET COMP°
Rue Cannebière, 10.

—

1860

A M. LE GÉNÉRAL DE LAMORICIÈRE

Général,

Vous avez cru nécessaire à votre gloire d'endosser le costume, ou si mieux vous aimez, l'uniforme des soldats du pape. Nul ne saurait vous en faire un reproche, et un soldat tel que vous, est assez sûr de lui-même pour se promettre que sa vaillance ne lui fera pas défaut, si les devoirs de son nouvel emploi lui ordonnent de tirer du fourreau son épée africaine.

Vous voilà donc soldat du pape !

Quel reproche pourrait-on vous adresser à cet égard? Vous auriez, en effet, le droit de répondre à toute heure et à toute personne, qu'à vous seul il appartient de choisir le drapeau, symbole de vos *nouvelles* idées.

Vous avez une conscience, Général, et même une conscience peu ordinaire, je veux dire une conscience éclairée; elle vous suggère les meilleures raisons à l'appui de votre conversion. Votre probité religieuse et politique reste sans doute immaculée nonobstant les phases diverses de votre carrière si accidentée. — C'est ainsi que, selon les temps et qu'au fur et à mesure des circonstances, vous avez été tour à tour, général sous Louis-Philippe, ministre de la guerre, représentant du peuple et orateur libéral sous la République. — Vous aviez même voulu partager la palme de l'éloquence avec le général Cavaignac; mais il est bien permis de croire que, vivant aujourd'hui, votre illustre compagnon d'armes n'irait pas s'enrôler sous la bannière d'Antonelli! Mais vous avez survécu, vous, à ce grand citoyen, et, mieux inspiré par la sagesse et l'expérience de l'âge, éclairé par les lumières du Saint-Esprit et d'Antonelli, vous avez éprouvé le besoin de renoncer à vos *erreurs* d'autrefois; vous avez rompu tout pacte avec la Liberté, ou soit avec l'Impiété (c'est une seule et même chose pour vos Eminences les cardinaux); et cette épée que vous avez offerte à la patrie, sur l'autel de la République, vous l'offrez à l'étranger et vous la faites bénir aux pieds des saints autels. Mais peu importe, après tout, le degré plus ou moins élevé de votre intrépidité guerrière ; quelque bonne opinion que vous ayez de vous-même, vous êtes loin de dire et de penser que, en fait de bravoure, la France sera appauvrie, parce que, momentanément ou définitivement, vous ne servez plus sous le drapeau tricolore, je veux dire, sous la bannière historique de la révolution de 1789.

Les Français sont très-chatouilleux sur ce qu'on appelle le point d'honneur ; mais, comme c'est là une vertu ou une faiblesse générale et très-commune en ce pays belliqueux, ce serait, à coup sûr, une erreur presque inconcevable de votre part, si vous pensiez dépasser, de si peu que ce fût, l'héroïsme héréditaire de ces foules armées que la France a, depuis tant de siècles, répandues sur mille champs de bataille. — Ainsi donc, Général, vous êtes purement et simplement un brave comme des millions d'hommes sont braves en France.

A ce titre, force vous est de convenir qu'en arborant à votre chapeau ou à votre casque la cocarde pontificale, vous ne prétendez pas faire éprouver à la France moderne, fille de la Révolution, une de ces pertes irréparables, dont il serait impossible de se consoler depuis la Méditerranée jusqu'à l'Océan et des Alpes aux Pyrénées.

Après Condé et Turenne, Luxembourg et Catinat,

après Marceau , Hoche , Carnot , Kléber, Jourdan , Desaix, Bonaparte, Championnet, après ces milliers de héros dont les noms seuls forment des volumes dans les annales militaires de la France , votre vaillance , général , si haut que puissent l'exalter vos récents amis les cardinaux , peut faire défaut à l'immortelle bannière de la régénération française ; mais votre divorce avec les idées et les principes de 1789 ne constitue , à vrai dire, qu'un scandale dont l'histoire saura bien vous tenir compte.

Général, vous ne sauriez avoir la ridicule prétention , non d'éclipser (le mot serait absurde) mais seulement d'égaler la gloire d'Alexandre ni celle de César. La part de gloire qui vous est propre est celle d'un intrépide et d'un savant officier ; vous avez excellé à la tête de certaines troupes d'élite et dont chaque soldat admirait, à juste titre , vos éminentes qualités.

Votre fière contenance sur les champs de bataille vous a valu les plus hautes dignités ; mais je vous défie d'affirmer que , parmi ces multitudes chevaleresques dont l'Afrique barbare a pu admirer, en frémissant, les indicibles exploits, un trèsgrand nombre d'obscurs soldats n'aient pas mérité, tout comme vous , les honneurs du galon d'or et de l'épaulette étoilée.

En France , beaucoup de généraux et de colonels meurent simples soldats en un jour de bataille ; — ainsi l'exige la limite forcément restreinte des promotions.

Général, je viens de faire, sans intention de l'amoindrir, la part, la juste part, je crois, de vos services et de votre gloire.

Prenez-vous en à la France elle-même, *à ce peuple de braves*, comme a dit Casimir Delavigne, un poète de révolution, si vous ne dépassez pas le niveau des renommées guerrières.

Eh ! bien, qu'on veuille, pour un instant, vous accorder au-delà de vos mérites, que quelques-uns se complaisent à exagérer l'importance d'une acquisition dont ils se montrent si fiers, et qu'ils vous attribuent gratuitement le don du plus haut génie militaire, en vous préparant déjà et par avance un piédestal de grand homme, pensez-vous, Général, que si, même par une transformation impossible, vous alliez devenir un Charlemagne, vous auriez le pouvoir de refouler la civilisation dans sa marche incessante, irrésistible ?

Eh ! quoi, l'homme des combats serait-il assez aveuglé sur la puissance du sabre pour l'opposer à la puissance de l'idée ? Après des siècles de luttes héroïques et triomphantes contre la barbarie et le fanatisme, quand la France régénérée a donné au monde le spectacle de la féodalité à jamais anéantie, vous avez la déplorable témérité de venir vous inscrire en faux contre les arrêts de la justice historique, vous protestez avec les jésuites et les tard-venus de l'Inquisition, contre les triomphes de la liberté civile et religieuse, contre la philosophie, gardienne vigilante des droits imprescriptibles de l'humanité.

Général, vous vous êtes trompé ; vous avez pris un glaive au lieu d'une plume, et de la pointe de cette arme homicide, vous avez écrit cette calomnie qui ne peut réjouir que les derniers héritiers de Loyola : la RÉVOLUTION, COMME AUTREFOIS L'ISLAMISME, MENACE AUJOURD'HUI L'EUROPE ! ! ! !

Vous vous êtes trompé, vous dis-je, et bien grossière est votre erreur ! Le vertige de la démence s'est emparé de votre esprit. S'il n'en était pas ainsi, et que vous puissiez, un seul instant, entendre et surtout écouter la voix sévère de cette muse incorruptible qui s'appelle l'Histoire, elle vous dirait : Non, il n'est pas vrai que la Révolution ressemble à l'Islamisme ! Non, il n'est pas vrai que les sublimes efforts de l'intelligence vers le bien et vers la justice soient comparables à l'abrutissement du dogme fataliste qui a courbé sous le joug de l'ignorance les tristes sectateurs de Mahomet ! Non, il n'est pas vrai que l'activité infatigable des penseurs et des philosophes, depuis dix siècles, soit une cause de mort ou de ruine pour les générations, comme les déplorables préceptes qui font de la religion musulmane le code de l'inertie physique et morale.

Non, il n'est pas vrai que les fortes et vaillantes races de l'Occident aient été amoindries dans les luttes séculaires de la libre conscience contre les victimaires de la Sainte-Inquisition.

Non, il n'est pas vrai que les peuples puissent redouter quelque danger du triomphe définitif de la science contre les préjugés si longtemps exploités par l'hypocrisie intéressée des tartufes de toute robe et de toute couleur.

Non, il n'est pas vrai que la conquête des droits civils, religieux et politiques ait causé le malheur de la France et d'une partie de l'Europe.

Général, cessez pour un moment, je vous prie, d'écouter le cardinal Antonelli qui se trompe peut-être, mais qui vous trompe certainement, et veuillez croire, avec les hommes de raison et de cœur, que la Révolution ne menace pas l'Europe.

S'il vous reste assez de liberté d'esprit pour comprendre le vrai, vous reconnaîtrez, de par l'histoire, que, loin de menacer l'Europe, la Révolution conduit l'Europe depuis grand nombre de siècles; la Révolution éclaire l'Europe depuis Luther, par exemple, depuis l'heure où le scandale des indulgences vendues par les moines souleva l'indignation des peuples.

Alors la Révolution s'appelait Luther, Calvin, Mélanchton...... *La menace* qu'elle fit retentir aux oreilles des sybarites énervés par la corruption et la vénalité simoniaque, se traduisit en fait, et le Protestantisme sortit victorieux de cette arène sanglante où il osa descendre contre les milices encapuchonnées des pontifes.

A cette époque, la Révolution pourrait encore s'appeler Coligny !

Catherine de Médicis et son digne fils , redou-
taient si vivement la menace vivante et person-
nifiée dans ce héros du parti calviniste , qu'ils
jugèrent à propos , pour plaire à Dieu et au pape,
de courir sus à Coligny. — Il est certain , général,
que Dieu n'approuva pas la mort de Coligny;
mais le pape Grégoire XIII ne fut pas de cet avis,
car ce vénérable pontife daigna faire savoir que
l'assassinat de ce martyr protestant lui était parti-
culièrement agréable.

Pontifex necem Colinii probat ! !

Les murs du Vatican furent ornés de cette ins-
cription que Tibère ou Domitien n'auraient pas
mieux formulée !

Ainsi donc , ce que vous qualifiez de menace ,
c'est la rédemption promise à la conscience toujours
jalouse de ses droits ; quoi de commun, je vous
le demande , entre les nobles martyrs de la réforme
protestante et les sujets abrutis des Califes ?

Convenez - en ; si , aujourd'hui , la Révolution
menace l'Europe, cette menace n'est pas comme celle
de l'Islamisme ; la pensée libre , indomptable ,
convia, au seizième siècle, de généreux athlètes qui
bravèrent la proscription et l'homicide , qui dédai-
gnèrent les haines et les bûchers de Charles Quint ,
de François Ier , de Philippe II, l'arquebuse de
Charles IX et autres serviteurs intéressés du fanatisme.

Vous savez aussi que Blaise de Montluc fut , au

seizième siècle, l'un des plus vaillants conducteurs de sicaires papistes ; à force de détester la Révolution calviniste, ce général parvint à mériter le surnom de *boucher royaliste !* Mais les pendaisons de Montluc, ni ses égorgements, ne purent avoir raison de l'héroïsme des réformateurs.

Prenez-en votre parti, Général ; la Révolution menaçait l'Europe, à cette heure, comme la justice menace l'iniquité, comme la vérité menace l'imposture, comme la liberté menace les tyrans !

Il y a plus : la Révolution a si peu cessé de menacer l'Europe que, pour dire le vrai, elle ne s'est jamais rebutée dans la poursuite de son œuvre humanitaire.

Je vous prie de considérer que les agents les plus dévoués et les plus infatigables de la Révolution sont les fils de cette bourgeoisie française qui est bien loin de suivre les doctrines du Coran, ni les préceptes de l'Islamisme.

Cette bourgeoisie, peu accessible aux séductions énervantes du fatalisme, a soutenu, sans faiblesse et sans relâche, la lutte si glorieuse des municipalités contre la tyrannie féodale des comtes, des barons et autres marquis, sauvages usurpateurs du sol, et dont la brutale ignorance fit régner sur l'Europe une nuit de plusieurs siècles.

Ils étaient révolutionnaires, à coup sûr, ces bourgeois, ces industriels, ces navigateurs, ces marchands et ces laboureurs dont l'invincible énergie brava l'insolence des seigneurs féodaux ! ils étaient révolutionnaires eux tous qui puisèrent aux sources vives du travail, les seuls, les vrais éléments de la vie privée et de la vie publique !

La bourgeoisie du moyen-âge et les vaillantes générations d'artistes et d'ouvriers qui se groupaient autour d'elle, et qui préludèrent aux merveilles de l'industrie moderne, auraient-elles quelque trait de ressemblance avec les hordes de Sarrazins qui dévastèrent l'Europe méridionale ?

Ces glorieuses républiques maritimes, Venise, Gênes, Pise et Marseille, leur vaillante émule, qui armèrent tant de flottes contre les pirates et les corsaires africains, qui combattirent avec non moins d'ardeur et de constance contre l'orgueil rapace des hauts et puissants vautours de la féodalité, détrousseurs blasonnés de grand chemin ; — ces illustres cités commerçantes, asile du travail et des franchises municipales, ont-elles quelque lien de parenté avec les descendants d'Omar ou ceux d'Ali ?

Général, vous vous trompez si étrangement que la vérité est le contraire de ce que vous affirmez avec une présomption et une confiance indignes d'un esprit quelque peu éclairé ! Quoiqu'il en coûte à votre orgueil de général *romain*, il faut donc vous incliner devant l'évidence historique et reconnaître :

Que, loin d'être menacée par la Révolution comme

elle le fut par l'Islamisme , l'Europe a dû sa gloire
et son salut aux révolutionnaires , à tous ceux
dont les sublimes efforts ont fini par terrasser à
tout jamais , le monstre féodal.

L'Europe , reconnaissante dans l'avenir, plus
qu'elle ne l'a été , hélas ! dans le passé, doit
vouer un culte d'amour et d'admiration aux arti-
sans de cette œuvre vraiment sainte qui a permis
à l'humanité de marcher à la clarté de la raison ,
seule gardienne de l'indépendance, de la justice
et de la dignité.

Général, c'est en vain que les fourbes et les
niais resserrent les nœuds de leur ligue ténébreuse ;
ils sont condamnés de par l'honneur et de par le
droit de l'espèce humaine , à voir s'écrouler le
trône séculaire de l'hypocrisie qui recrute ses lé
gions dans les masses ignorantes.

A vous donc, Général , et à vos tristes émules
dans le présent, et à vos sinistres prédécesseurs ,
la misérable renommée que le châtiment de l'histoire inflige aux ennemis de la cause libérale , aux
insulteurs de la raison et de la vérité.

Soyez fier de votre conversion, marchez résolû-
ment sous la bannière des modernes inquisiteurs ;
mais les mercenaires d'Antonelli, quel que soit
leur capitaine, empêcheront-ils la Révolution de
poursuivre sa marche à travers le monde ?

Vous voilà classé parmi ces héros d'une légende
dont chaque mot est écrit avec le sang et les larmes
des générations.

Puisque les révolutionnaires sont des Turcs , à votre avis , il faut , avant de les traiter à la façon de Barbarie , vous découvrir devant Ignace de Loyola ; que saint Dominique bénisse votre sabre. Faites une humble génuflexion devant la statue de ces pieux bourreaux qui dressèrent les bûchers de la foi contre les Mahométans , contre les Juifs , contre les Chrétiens même !!!

Quant à la Révolution , la menace la plus redoutable dont elle puisse vous épouvanter, c'est que les compatriotes de Molière, de Rousseau, de Montesquieu et de Voltaire ont le droit de vouer au supplice du ridicule les don quichottes attardés de l'obscurantisme.

Il est certain , Général , que la grande voix de la Révolution et la plus éloquente fut celle de Mirabeau.

L'orateur qui foudroya l'égoïsme du clergé et l'orgueil de la noblesse , ne pourrait-il pas vous faire entendre ces terribles paroles :

Monsieur le Général , allez dire à votre maître , Antonelli , que la Révolution , depuis 1789 , est en Europe par la volonté des peuples , et qu'elle n'en sortira pas , même par la force de vos baïonnettes.....

Agréez , je vous prie , etc.

H. Bondilh.

P. S. Tandis que Garibaldi, l'un des plus grands hommes de l'Italie ancienne et moderne, a l'honneur de mériter les saintes malédictions des écrivains très-religieux, mais peu honnêtes, vous, Général, vous êtes comblé de toutes les flatteries de cette presse qui aime les tyrans et qui déteste la Liberté.

Général, si vous étiez monté à bord du navire qui portait Garibaldi et sa fortune, si vous aviez partagé son noble enthousiasme, toutes les *Gazettes* de France et de Navarre vous prodigueraient les doux noms de forban, de pirate, de corsaire, etc., etc.

Général, il est glorieux d'être pirate à la façon de Garibaldi, et surtout d'être désintéressé comme ce rédempteur de la Sicile !

H. B.

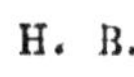

www.ingramcontent.com/pod-product-compliance
Lightning Source LLC
Chambersburg PA
CBHW061220050726
47594CB00008B/3734